杜老师的推销

詹文明 著

東方出版社

导读

自序

“营销”是一个模糊的概念，有时像行销，但绝大部分只是推销的手法罢了。为了厘清这个概念，理顺这个思路，我们特别把它拆成“行销与推销”两大部分予以分别定义，以利在实务上有极大的助益，最终能让行销与推销与时俱进，相辅相成，达成全赢策略，使企业既能生存，又能大有发展。

首先“推销”绝不在于技巧或话术，而在于“诚信”两字，唯有以诚信为基石，才是做生意、做买卖的关键。其次，六个YES、八个缔结技巧、八个处理抱怨的方法及“问听笑看助赏”的善用，可使得彼此的信任度急速提升，提高交易的量和质，提升企业的竞争力。

针对店员、服务员、销售员、推销员、解说员、电话接听人员甚至于导览、导游都迫切需要这些技巧与话术，若能加以融会贯通，虚心受教，日后必成为卓越的人才，进而成为该领域的“天王巨星”。

“推销”是一项企业文化的具体表现，是高度自我要求的纪律，更是企业文化与人类人性的综合实务。它是一种力求洞悉人性、掌握人性、合乎人性的高明的手腕与巧妙问答的体悟能力，也是自我修炼、修为的投射，更是操练自己、自我控制、追求卓越的不二法门。

人，一辈子也许都不是画家，或永远都不能成为像样的画家，但却不得不要学会如何欣赏画，因为我们都要学会“推销”自己，这就是所谓的“推销一生，推销人生”。

詹文明

2011 年 1 月于台北

昨日的功成名就

任何企业在市场中的推（即推销）、拉（即行销）策略，大多为了更多地吸引客户。企业经营层铆足全力建构庞大的业务团队，为的是得到更高的利润。

为此，业务员花招百出，企业英雄榜重赏，结果却伤害了客户，损毁了信誉，也赔上了企业，呜呼哀哉。
赏

企业为了清仓，跳楼大牺牲；业务员为了奖金，灌水又虚报，不是高压榨取客户钱包，就是连哄带骗不择手段。业务员可以跳槽，企业却必须承受损失，照单全收。
为此，“推销”是一门企业文化与人类人性的综合实务。如何做对、做好、做强、做大，须仰赖领导者的智慧与担当。

名闻天下，行销全球的“九六三数码科技集团”亚洲区总裁名叫“了然”，巧的是他有位伙伴名叫“了尾”，更巧的有位员工名叫“了了”。三人是否都姓“了”，无从查考。但三人性格各异、作风不一，彼此不易共事，难以建立团队。

虽然他们个个身怀绝技、事业心极强，但如今面临转型变革之时，了然却苦无对策，只好来求于杜老师（谦称无知先生，是培育世界级 CEO 权威）。

了然依约前来，既期待又怕被伤害，心中五味杂陈，无人能知，但“智慧的一天”谁又能错过呢？！
梆
梆
请进！
了然啊，你好！
您好！杜老师！

你心中有什么困扰呢？
老师，到底什么是“推销”呢？
你可是有超级业务员之称啊，不是吗？
……
真不好意思，老师您怎么也晓得？

那你究竟是怎么做到的呢?
那是不光荣的过去呀。
为什么这样说呢?
因为过去不规范，做了不该做的事儿。
噢？怎么回事?

为了业绩、为了奖金，尽做一些虚假的把戏。
你不是换来功成名就了吗？
老师，快别这么说呀，这是我的心痛之处啊。
接下来你打算怎么做？
这就是我的担忧。

寻求共同的价值观

昨日痛，今日忧，明日又将如何？
为了预防业务员灌水又虚报，我制定了许多制度，可是……
可是上有政策，下有对策，是这样吗？
就是这样的，我们束手无策啊。

你们是如何建立
业务团队的呢?
我们全球设有六大区
域的"行销团队"。
做的还是业务开
发、产品推销的
工作么?
您说的是，效
果十分有限。

你们的产品类别或者客户族群取向是什么呢？
这两种都尝试过，但毫无起色。
那业务员的素质和教育程度又怎样呢？
证书
中等程度，但素质与同业相比稍显逊色。
那你又作了哪些培训计划？

技能培训
“327”培训计划。
说来听听。
新进人员必须接受为期三个月的密集训练和教育。

包括哪些课程?
有潜能开发、推销技巧和理论、市场分析、产品知识和功能、奖金办法、收款、坏账处理、成功者的现身说法等等。
唯独缺少了企业的共同价值观与文化素养。
对极了，我们为什么没想到呢?

光上这些课程，效果是不会好的。
那我们该怎么办呢？

要将共同的价值观纳入选才、育才、用才、发展人才上才行。

我懂了，感谢老师再度提醒，我们会马上着手来做。
很好，要有具体操作、考核、奖惩、升迁才是。
我终于懂了。难怪效果不彰，老师您真高明！
当然，还得具备一些基本的技巧。

建构“教导型企业”

奖金制度也需要啊。
适当的奖励制度当然不能少。

我们每两个月，会请名人来讲演一次。

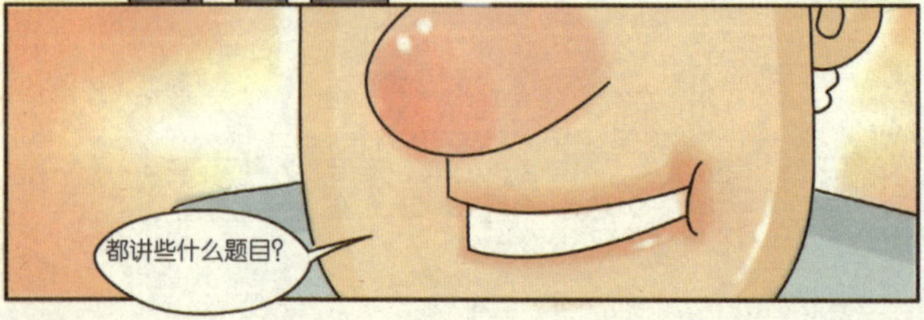
都讲些什么题目？

关于政治、经济、产业、趋势、消费心理与行为等。
我们必须向成功的典范者学习。
找一些各行各业的成功者来现身说法？
不要从别人的错误中学习，要看别人怎么做对的事。
1
可是有那么多的成功者吗？
“不必外求，只要内找”即可。

是啊，我们拥有六大区域的业务团队呀！

建构成“教导型企业”是相当重要的呀！
也是建立企业文化与融入共同价值观的渠道之一。

你要这么说，我也不反对。
最终，我们会花七天的时间办一个“全球年会”。
其目的何在？
表扬杰出贡献者。

跟过去的你一样吗?
老师，您饶了我吧！我们又错了。
看来真实的目的是来度假的。
确实是这样。

这种全球大拜会不要也罢。
请老师指正。
“勾画大未来”才是目的。

棒极了。那么目标又是什么？
只有大未来，才有短期目标。
不知目的地，又怎么能抵达？
你说的是。“推销”究竟是什么？

推销究竟是什么

老师，好记性呀。将产品推到客户的过程叫“推销”。
好说，将产品或服务以高明的手腕卖给需要的人。
哇噻！好一个说文解字啊。
“推销”必须在行销策略下才有意义。

我不懂，这是为什么？
只有透过整体的行销策略，才能有实际的销售行为。
我了解了。唯有从“地域人口统计细分系统”找到主要客户群，才有可能进行推销，否则免谈。
对极了。不是漫无目标地兜售产品或服务。

我……我就是这样的人，凭着一股热情，而不是巧劲。
接下来才能提供快速而精准的客户服务。
好神呀。过去，我根本毫无概念，所以常去服务不需要服务的人。

因此，效果大打折扣，眼花缭乱的战术又有何用？
这就是“顾客关系管理”吗？
孺子可教也。
推销错误可以弥补，但行销错误则无从补救。
要透过行销、推销、服务、管理与客户建立良好的关系。

以掌握客户资讯、善用情报，量身打造，赢得客户信任。
企业借此可积极深化与客户之间的关系。
这是推销的本质。
很有价值的领悟，但这不是本质，而是真相。

老师，为什么？
推销的本质乃在于“灵魂”。
我不能理解。
技巧只是外表。

内涵又是什么?
最佳的效果。
灵魂又如何来理解?
每样产品或服务必须仰赖“灵魂”来传递。

指的是企业的灵魂
与人的灵魂吗？
你说的是。唯有注入
情感才能充满爱意。
就像给情人
送礼物？

好比喻。礼物内含情感、爱意、合适、恰到好处。
正是产品或服务的灵魂之处。
再加上业务员的灵魂和企业的灵魂。

这就是三合一的生命意境。
简而言之，推销的灵魂只有两个字。
是“诚信”么？
答对了，正是“诚信”。

唯有“诚于内，信于外”，才是推销的最高指导原则。
完全正确，不是推销产品，而是出售信誉。

啊！真是让我茅塞顿开。了尾来了，那我就先告退了，老师我们中午见。

重新界定客户群

了尾最近在
忙些什么？
为配合企业转型而重
新做好市场定位。
意思是重新界定
你们的客户群么？
没错，不愧是大师，
一出手便知有没有！

你又在奉承我？
我现在的工作就是重新选择全球六大区域的不同客户群。
你们究竟如何取得客户群呢？

根据“地域人口统计细分系统”有效地找出“马赛克组群”。
什么是“马赛克组群”呢?
将全球各大区域划分出的居住类型，有如铺设地面用的马赛克瓷砖，以利有效掌握。

嗯，这是取得客户的有效工具。
接着，我们锁定渠道商和终端消费者建立庞大的资料智慧库。
那么旧的资料呢？
我们重新检测，抛弃一些不再属于我们的客户群。

很好，如何联结呢？
透过全球近二十亿部的手机与网络联结，传递出客户族群的“内在语言”。
何谓“内在语言”？
引爆人们内在的深层饥渴能量！
能否举例说明？

谷歌虚拟的百科全书乃是微软因卡塔（Inkatha）业务的终极终结者。
这到底是怎么一回事呢？

Google
因为谷歌是自动的，不断更新，是适时扩充的信息指南。
但因卡塔质量精美，包括六万多篇文章、图片与多媒体啊。
可是，它们无法及时更新，又要付费。
难道谷歌免费吗？

正是，百分之百免费的。
所以，谷歌引爆一股“内在语言”，而微软没有。
没错，这不就是小虾米击倒大鲸鱼的把戏吗？

当然维基百科也贡献良多哦。
谢谢老师提醒。维基超过千万相关词条，260 种语言，活跃的内容贡献者超过 7.5 万人。
作为非营利性的维基百科，已蔚为大观为网上百科全书。
这也是撼动微软百科全书的“内在语言”。

你们又如何“发展客户”呢？
不瞒您说，这是我们企业的罩门。
不“发展客户”会有什么后果呢？
就像我们现在的处境，既无法累积成效又要面临危机。

你说的是，发展客户必须列为企业的策略目标。
KPI（Key Performance Idex）是关键绩效指数吗？
应该说，是绩效关键因子。
哦，我懂了，“发展客户”才是绩效的关键重点。
是啊，那如何“发展客户”呢？
客户的深耕、经营、信赖、忠诚度要能落地生根。

就像骑士之于哈雷公司，球迷之于 NBA 职篮一般。
一语中的，我们仅注意广度，却忽略了深度。
很好，你们又如何“保住客户”呢？
只要能做对、做好“发展客户”，就能保住客户了。

言之有理，但事实不是这样呀。
我懂了。与客户的关系还是要维护啊。
不是维护，而是管理。
是有效地管理、有效地经营与客户间的亲密关系。

因为客户是导师、是国王、是神。
好说，要与导师、国王、神建立长久而亲密的关系。

从选择、掌握、发展，到留住客户是一套系统。
好一个系统，可以是有目的、有条理、有系统的作为。
更以明确、简单、清晰、具体可操作的一套客户经营理论予以有效的运营。
孺子可教也。

谢谢老师的激励与提醒。
那你的下一步行动是什么？
哦，这个嘛，交给电脑了。
这是不负责任的行为。

骂得好，我究竟该做些什么呢？
坐在冷气房吹吹冷气，等待验厂报告出来吧。
哇，怎么可能发生这种事呢？
你所担忧的往往不会发生，所不担心的却往往会发生。

难道要我带那群兔崽子去冲锋陷阵吗？
那你不就是十足的兔崽子“头”了。
我错了，我悔改。

开发渠道商

唯有亲临现场、掌握现实、激励士气、开发客户才是上策。
哦，我懂了，开发渠道商是我的职责所在。
你终于开窍了。

首先我要
列出名单。
很好，列出可能
的潜在合作商。
然后设定明确的
合格者目标。
何谓合格者呢？

合作商的负责人是一个“对的人”。
对的人又是什么概念呢？
要有共同的价值观和经营理念。
相爱容易，相处难哦。

所以，我们有一套
评估的做法。
半年后再分手也
不迟，是吗？
老师，您这么
厉害，我快讲
不下去了。
这是负责任的做法吗？

要不然，我该如何呢？
智者从不提供正确的答案，智者只会提出正确的问题。
了解！充分的认识才是 90% 成功的保证。
好极了。接下来呢？
认知老客户。

针对原来的客户进行重新界定吗？
是的，首先抛弃不再具生产性的客户。
其次呢？

具生产性的渠道商应当优先考量。
很好，除此之外还考量什么？
诚实正直的人格。
诚实正直
有了它并不能代表绩效，但少了它则足以败事。
我们经历过这般教训，深受伤害。

如何进行？
我们会主动邀约可能的合作对象。
谁来主导呢？
嗯……

舍我其谁?
棒极了!
现代的交易，乃是一场“创造价值”的游戏。

唯有对的人、对的渠道商，才可能有对的成果。
要怎么有效地接近他们？我可没经验啊。
“问、听、笑、看、助、赏”六字诀。

杜老师的六字诀

会问“问题”十分关键。
问“问题”是一项能力。
这再简单不过啦，为何还需要这种能力？
像哲学家苏格拉底所说的六个 YES！

没听说过。
经过缜密而周严的设计，让对方说六个 YES。
酷毙了，迫不及待地想知道。

你很想有个高绩效的表现吗？
当然啊！
① YES！
高绩效表现有赖于别人的协助吗？
是的，单枪匹马很难成就大业呀。
② YES！

上司是不是影响你
高绩效表现的第一
人呢?
③ YES!
确实如此，没有他
的支持和提拔我很
难发挥。
那么，你是不是要花时间
多深入了解你的上司?

应该是，这样一来
也才能投其所好。
④ YES！
不是拍马屁，而是
高绩效的表现。
不，不是投其
所好，而是紧
密合作。

你是不是要看上司
能做什么呢？
⑤ YES！
没错，不能老是看他
不能做什么哦……
为此，上司是不是你的
最重要的渠道商呢？
……

⑥ YES！
没错，的确是！
我服了，真神啊，绝对如此。
因此，问对一连串的正确问题是需要思考和练习的。
我得好好学学，多多练习。
还有三听！即聆听、倾听、重听。

我不明白为何要三听?
聆听话中话，找出关键词。
像之前的“高绩效”表现字眼？
你说的是，倾听意中意，找出“内在语言”。
高杆，现学现卖。

“重听”即听自己不喜爱听的噪音或反对意见。
这个最难哦。

所以，要有无限的耐心。
那“笑”是什么意思呢？
不笑莫开店！
现代人压力大、心情闷，根本“笑”不出来呀。

“微笑”并不是
人性的包装。
但还是笑得
不自然。
人只要出于至诚
便是微笑之最。
微笑是润滑剂，
人人都需要。

诚恳中的微笑有如
荒漠里的甘泉。
诚恳的微笑总是
叫人难以忘怀。

就像蒙娜丽莎的
微笑一般灿烂。

我要花时间加以学习。
你要向日本保险大王原一平学习。
他是怎么办到的呢？
他练就了 38 种不同的笑法。
可是，老师您不是说，只要心以至诚即可吗？

是啊，微笑只需要一种。
我懂了，只要心诚即可，一“诚”天下无难事。
我可没有这么说，当然还需要“看”呀。
诚
看

怎么看呢？是察言观色吗？
是要用“心”去“看”。
推销大师乔·吉拉德光看到试车人握住方向盘时，便有了答案。

到底诀窍是什么?
因为握住方向盘时，眼神传递出“满足”的信息。
怎么察觉到呢?
眼尾角上扬、露出浅浅微笑。

有时抚摸下巴，面带微笑；有时用右手握紧方向盘。
真了不起，观察入微。
我为什么总是这般后知后觉呀。

难怪乔·吉拉德一年能卖1144辆车子，打破金氏纪录。
另一位推销大师乔·康多夫说，推销是98%的人性认知加上2%的产品知识。
在我的认知上正好相反，难怪效果不彰。
将心比心、各凭本事。
一生的修炼，一辈子功课。

说得好，还要一个“助”。
寻求协助吗？
是，既要有“贤内助”又要有“神助”。
该不会是指另一半的帮助吧？
呵呵，是啊。不过更需要团队的合作。

……
正如曾国藩所言，做小事靠自己，做大事靠大家。

……
尤其来自上司的鼎力相助。

这一点是我最大的败笔——虽理智上接受，但总是情感用事。
善用上司的长处和优势，便是“如有神助”。
我总是认为自己最行，不需要他掺和。
NO
应该说你打心底就瞧不起他！
老师，您会读心术吗？

呵呵，是你的眼
神告诉我的。
那您说我该怎
么办呢？

除去自大，
谦卑顺服。

我会去偏入正
及时改正的。
很好，顾客是神，
“神助”便是顾客
的长期惠顾。
上司也是我
的客户呀？
对极了，但少了
一个“赏”字。
我就是不懂得
欣赏人，不知
为什么。

包括“了了”吗？
说真格的，我嫉妒他。
为什么？难道他带给你威胁了吗？
哈哈！
的确，有那么一点点，虽然我死不承认。

你欠缺安全感吗?
嗯，应该是。
那么你又欣赏你自己吗?
不算欣赏，但有时很自恋。

“自恋”什么？
很会念书，加上一点点小聪明。
会念书却往往不会做事吗？
有才华的人却往往无最为效。
文凭
学历
证书
因为没有领悟到就潜能本身并不是成就。

好棒喔，我终于弄懂了，哈哈哈。
说来听听吧。
我若不能接纳自我，又如何去接纳他人呢？

我真为你感
到高兴。
感谢老师的教诲
令我茅塞顿开。
欣赏自己，
赏识别人。
看来赏识客户，
要先从赏识自己
做起。

孺子可教也。
呵呵。
好一个“问、听、笑、看、助、赏”六字诀，我会记牢的！
感谢你对我的信任。

智慧的飨宴，忘情的演出。
彼此彼此。
我极度欣赏老师的谦卑与无知的态度。
你又在吹牛。
老师，“了了”要来了，我先行告退。

你是如何看待客户的呢

五分钟以后……
了了啊，快请坐吧。
谢谢老师。
你是如何看待“客户”的呢？
极少有人会这样问，但遍地是客户，却不一定是我们的顾客。

你说的是，客户满街跑，顾客何处找？
客户是资产，但顾客才是现金。
好观念，顾客是能兑现的支票。
所以要做好现金管理和经营。

顾客是唯一的
利润中心。
因此，要好好
地经营这个利
润中心。
商店
你们究竟是如
何经营的呢？
我们全球六大区域
建立了一个庞大的
顾客资料库。

如何运营的呢？
透过庞大的资料库予以有效的分类，例如建立马赛克组群。
全球分为几大类和多少组群？
总共分为 6 大类，64 种组群。

你们如何有效地
运作？
首先，要让资料转
换成有用的资讯，
才能具有商业价值。
有概念，但这么庞大
的资料库是一项很大
的负荷哦。

完全正确，所以
我们做了淘汰资
料的必要工作。
淘汰的标准
又是什么？
嘿嘿！
啪！
问得好，我们
先作了门槛条
件的规定。
接着问了一个
问题吗？

您真神呀，我们问了“谁不是我们的顾客”。
将这些资料先行锁定成立专户，是吗?
是的，剩下来再加以有效地分析，以便掌握有效的顾客。

取得有效的顾客群以后呢?
我们按 6 大类顾客类型以及 64 种马赛克组群建档。
有效建档的目的何在?
为的是满足他们，从而转换成现金。
只要这样，你们就满意了吗?
……

接下去我不晓得
要做些什么了。
发展顾客啊。

帅呆了，我们并
没有这一块呀？
唯有深耕顾客，
才有成果丰收。
大
丰
收

我们该如何发展客户

请教该如何发展？
至少要做到三点。
第一点是什么？
适度的关怀，经营关系。
就像四季饭店对顾客的贴心服务与资讯的有效提供及交流？

没错，这样自然
就会有归属感与
忠诚度呀。
第二点又是什么？
追踪与持续连击。
以客为师，
以客为尊。
孺子可教也。

追踪的目的在于建立一套反馈的机制，以利改善或创新。
完全正确，而不是一味的推销，令人反感。
一针见血，好启发、好提醒！

第三点则是“专注”。
在一段时间内只做一件事吗？
是的，“专注”代表着……
一份热情
两份责任
三份需求

专注需要仰赖热情，
热情更需要专注而
形成焦点。

没错！相辅相成、
力上加力。

为何是两份
责任？

一是对顾客的
负责态度。
童叟无欺
货真价实
物美价廉
善待顾客即是
善待自我。

二是承担社会的责任。
募捐箱
尽社会责任，企业收获最大。
环境保护协会
就像联合利华协助成立“海洋评议委员会”一样。
海洋评议委员会

对公司会有什么益处？
贴上标签以保障渔货符合国际环保标准。
我懂了，渔货制成食品几乎占该公司一半的业绩，这等于维护自己的信誉和利益。
没错！
老师您休息一下，我们午餐后继续探讨吧。

杜老师的养生之道

午餐时间……
老师，今天再给我们讲些养生之道吧！
嗯……
先吃蔬菜、喝汤，再吃鱼肉。
最后，才吃淀粉类食物吗？

是，既“享受”又“享瘦”。
除此之外，还要做些什么？
晚上九点半上床，凌晨四点半起来做“灵修”。

那么早，还要
做哪些事呢？
读经、运动、写作、沉思、
写日记……
老师每天一早就身、
心、灵合一，真令
我们羡慕。

世界上没有什么诀窍，只是需要再坚持一下。
说起来挺简单，但就是做不久。
简单的事千百次之后便是“不简单”。

生活大师往往
就是管理大师。
倒是管理要从自
己的起居做起。
就像推销必须
从自己活出来。
好领悟，杰出推销
必须心口一致。

左推销、右推销
不如做诚信。
最终还是回到“诚信”两字。
个人需要诚信，企业更需要诚信。
“诚信”乃是企业的第一生命。

很好，很棒的午餐。
老师，请休息片刻，下午有外宾来，我不能陪您了。

老师下午两点见。
期待下午和老师见面。

推销术不是一大堆骗术

PM:2:05　会谈开始

你们是如何缔结客户的呢？
除了了然是超级明星外，其余的人都是饲料鸡。
什么是饲料鸡呢？
老师，我不该这么说，我是……说大伙儿都不怎么样。

作为员工，成功是成就自己；作为领导，成功是成就他人。
请老师指教。
了然如何安排的呢?
安排了一系列的推销入门和有关缔结技巧。
还有什么 327 行动专案。

成效如何？
没啥效果！
问题到底出在哪？
难道又是“我”的问题吗？
你说的是，你是问题的核心。

怎么这么直
接啊?
瞧不起“推销术”是
问题的症结所在。
哇噻，我认了。

推销术虽不适登大雅之堂，但至少也是一门学问和实务。
我总认为推销术只是一堆高明的骗术呀。
你为什么会这样认为呢?
因为大伙儿都在比赛如何“吹牛”、如何“演戏”。

比赛吹牛和演戏吗？
是的，过度渲染、夸大效果、只问订单、不管他人死活。
有这么严重么？

报载一个业务员为博得客户的怜悯，把自己淋得湿漉漉，而最终获得订单。
你不能苟同这种行径吗？
我确实看不起他。
哼！
所以，你就连带地厌恶推销术。

这是我的
刻板印象。
说出来总是好的。

什么潜能激发、潜能
行销、过火仪式、敏
感度训练……

它们至少还有
些功能吧！
说实在的，全是操纵
术，尤其是对心理的
一种操控。
这样说不客观啦。
可事实就是
如此呀。

这些课程你都去上过了吗?
抱歉，我没有。
既然没有，为何要这样说?
老师，我的老毛病又犯了。

记住，有一分证据，
就说半分话。
要有所保留，
对自己才好。
……
很好，“行销让推销多此一举”。

但绝大多数人都不懂得
行销为何物。
像你就是挂着行销
部经理的称号。
老师，饶了我吧，我连
推销都还搞不清楚呢。

当行销还未萌芽时，推销就有其必要性了。
我明白了，我立志要学学推销，老师，请教我几招。
我归纳出八招有效的缔结技巧。

八招缔结技巧

好期待，第一招
是什么呢？
叫“试探结
束法”。

哦，是逆向思维
的假设问法。

聪明！例如，你买这个房子是登记你太太的名字，还是你自己的呢?
又如要一次性付款，还是贷款?
是呀，完全采取主导型的技巧，给予客户有效的引导。

绝大多数的客户都需要有人帮他们作决定。
的确有这样的倾向，但宜小心谨慎为之。
好法子，我喜欢。那第二招是什么？

“法兰克林法”。
这似乎是以一个人的名字来命名的。
没错，又叫做“T字型法”。
怎么来理解？

左边列出一大串对客户有益的部分。
右边列出要客户甜蜜负担的小部分。
Happy

不是普通的聪明，确实如此。
谢谢！
然后就顺利成交了。
当然也不是那么顺利，只是站在客户立场帮他分析。
很具体实用。

第三招，“善意恐吓法”。
既然是恐吓，又怎么会是善意的呢？
这里所谓的恐吓，只是操控人的惶恐心理罢了。
大减价，机不可失！
例如，你现在不买，马上就卖完了。

555……又涨价了。
¥1,000,000
就是这个意思，再不买，下周就要涨价了。
但千万不能欺骗客户，否则要付出昂贵的代价。
说实话，我个人比较不喜欢这个技巧，有时易弄巧成拙。

第四招呢？
“门板法”。
啊！？
比如保险推销员跟客户谈完孩子的保险时，正当一脚在门外，一脚在门内。
看着墙上挂着全家福照片，许久，且盯着一个人目不转睛……

5555……这个孩子
生错了地方呀。
为什么啊？
因为你们并不是
真正关心孩子的
将来啦。
看来不为孩子
投保，便是父
母的不是。
激起父母对孩子未
来的一份责任感。
这比较像是激将法啊。
……

你要这么说，
我也不反对。
哈哈！那第
五招呢？
“高度权威法”。
用名人作代言人，以
权威人士作诉求。
都给你说完了，
我就不用说了。

哈哈哈……
大部分人都有一种
盲目崇拜的倾向。
的确是，我当初
会选择进入哈佛
也是如此。
第六招，“腊肠切片法”。
切腊肠还有学问吗？

当然，同样一根腊肠
由于切法不同，就会
有不一样的结果。
啊……我可没做
过家务啊……

切 45 度跟 90 度会
有什么差别呢？
斜切量多且又有
美感，可是这又
代表着什么呢？

若一天仅花 10 元钱，你就能拥有 50 万元的增值保险，你会要吗？
至少会引起我的兴趣，愿进一步去了解它。
也就是说任何一个大数目，除以 13 亿的人口，便是小小的数字了。
这招一定很管用，明白了，值得尝试。

不是尝试，而是下决心去做，才会有所领悟。
我懂了，老师，第七招？
叫“比较利益法”。
以经济学的角度作利益的比较么？
你说的是，但还有些更重要的利益。

我不懂。
无形的利益往往大于有形的利益。
譬如一本好书。
因为一本好书可以引发千万人的思考。
一台“电子书阅读器”可以改变无数人的命运。

是的，价值永远决定价格。
我终于开窍了，推销是一项体现价值的过程！

应该说是达成彼此价值的共识。
精准！那最后一招是什么啊？

“小狗法”。
啊！连小狗都上台表演了。
NO!
只是个比喻，比方说有位小朋友喜爱小狗，可是妈妈硬是不答应买。
没关系，可以先带回家玩几天。
……
免费试养哦。

结果就是小狗与小朋友有了不错的感情，等到妈妈想要退回小狗时，小朋友却死也不肯放。
最终以完成交易收场。
人难免都有占有欲，小孩子也不例外。

买卖之后，交易才真正开始

招招管用
人性至上
哈哈！
哈哈！
不过要记住，买卖完成之后，交易才是真正的开始。
为什么？是要强调售后服务吗？
一次性的买卖，不是交易，是叫卖。

推销是一项系统的过程，必须环环相扣。
是的，考量不是业绩，而是顾客的满意度。

再棒的技巧，也只是一堆技巧罢了。

关键还是那
两个字。
诚信！
诚信
老师您好，了
尾也在啊？
好的。
谢谢您的教诲，
了了来了，我
先告退了。

信息来源的信任程度调查

你最近在研究什么？
老师，我研究两个课题。
说来听听吧。
一个是对“信息来源的信任程度”调查。
这是一个有趣的课题。

是啊，跟“情感”的基础有很大的关联性。
你是说“信任信息与情感关系”有关。
丈夫与妻子或伴侣对信息的信任度最高。
也就是说俩人之间的情感愈好，信息信任的程度则愈高吗？

品牌广告
招商
老师，您说得较我精准。其次，信任度最低是广告业者。
可是还是有大多数的企业重视广告呀。
这是十分吊诡的事。
品牌折扣店
会不会有受众虽不相信，但还是有从众的购买行为呢？

不好说，我们没有做过这方面的调查。
那么政府部门呢？

跟广告业者并列垫后，信任度仅仅 14 分。
其余的呢？

厂商与零售商排行倒数第二，为 27 分。
电视新闻与传播媒体又是多少分？
50 分。
这还真是“半信半疑”了。

同事是 69 分。
那么朋友一定更高啰。
82 分!
夫妻与伴侣到底是几分呢?
90 分!

最终的研究
结论为何?
"口耳相传"的
信任威力最强!
尤其是夫妻、伴侣、朋
友、同事的口碑相传。
不愧是老师，口碑
的确比广告效果要
高 33 倍之多。

相反地，不信任也是超出 33 倍的杀伤力！不可不慎！
33倍!!
这是我们所没有研究的内容。
这再度验证了经营企业务必要重视“诚信”的重要性。
果真是这样，这该是一项伟大的结论和发现哦！

不管社会有多大的变迁，消费者多元化的购买行为，类似的调查结论差异性极小。
我们也从许多的文献上证实这项调查，似乎不太受时空因素的影响。
所以说，人性的本质并没有因外界的变化而改变。
深受启迪，收获良多。

客户抱怨的真正目的调查

其次研究什么呢?
“客户抱怨的真正目的”调查。
极具参考价值。
我们研究报告出炉后，跟原先并没有什么两样。
共同点是什么?

以“退款获得”为最终目的。
其次，是“获得补偿”吗?
补偿
是的，例如换货、折扣、赠品、以旧换新等方式补偿。

其余?
依序为渴望道歉，欲求不满，引起重视，获得解释。
只是发泄罢了。
的确，占绝大多数的行为只是想“表达看法”而已。
所以，厂家只要耐心地聆听、倾听，最好是重听吗?

当然不完全是，还是要能反求诸己。
我完全同意，对抱怨需要有反省，事后要追踪改善。

预防
我们所作的结论是：“预防胜于治疗。”

可是，绝大多数的客户根本就不再上门了，省了抱怨。

因而我们设立抱怨中心、免费客服专线、网络投诉、互动式……

效果如何？
由于公司成立了专责部门进行处理，因此大有改善。

具体做了什么？
详细属实地登记每一个“抱怨个案”。
连小小的抱怨也不例外吗？
大小通吃，老少皆要。
这会不会小题大做呢？

客户的小事
是公司的大事。
认真
求实
的确，但是要考量成本呀。
任何抱怨的背后都会隐藏着巨大的商机。
为什么？

例如过去新产品上市都是大排长龙，抱怨声不断。
有问题
你怎么解决？又是如何化抱怨为商机呢？
我们跟邻近大学合作，经过短期密训后，穿上公司T恤现场服务。
好点子，成效良好吧。
超出预期的好！不但解决了供需问题，而且大学生毕业后，都自愿加入公司行列。

看来成本变机会，
压力变助力了！
我们许多优秀的
员工都是透过这
个渠道进来的。
你也是其中之一吗？
呵呵，我是！
你们是如何建立抱
怨处理系统的呢？

我们按不同的产品别、事业群、部门别予以有效处理抱怨个案。
再汇总到各区域专责部门，最终交予研发部门。
过程需要多少天呢？
三天内回报，逾时单位主管受罚。
为何是三天？
这是公司的政策。

但是……客户能等三天吗？
确实有听到一些小小的意见啊。
哦？你不是大小通吃吗？
大
小
小
大
哦，我竟疏忽了，谢谢老师提醒。

如果你是客户，
你能等待多久？
36 小时。
3 6
小 时
何谓第一时间？
我不懂，敬请
指教。

第一时间就是，当场解决！现场回复！
立即而迅速的反应？
不要让抱怨持续到日落，更不要让愤怒停留半步。
抱怨
抱怨
抱怨
抱怨
抱怨
抱怨
抱怨
抱怨

的确了得，一语道破。
若无法当场给出答案，你会怎么做？
短
路
……
我们会告知真实的原因，隔天答复。
最终就会一拖再拖，不了了之啦？
老师，您该不会是在说我吧！

正是，有思想，
没行动。
骂得好，我该死，
我是思想的巨人，
行动的侏儒。
知错能改，
善莫大焉。

如何有效地处理抱怨

从今以后，我决心成为一位行动的巨人，思想的侏儒。
你身高已够高，永远不会像我一样矮个子了。
我懂老师的意思，只要行动力就行了。
很好，就照这样行吧。
老师，请问该如何有效地处理抱怨呢？

有八个有效的方法！
哦！洗耳恭听。
第一，先“定义”抱怨，后“抱怨”定义。
啊？
好深奥哦，不理解。
先定义抱怨，即先作属性归类，以利分派。
有赖专业专家的认定，这样的人哪儿找呀？
权
威

不必仰赖专家的鉴定，只要有这样属性的人即可。
意思就是对人要有一点感受力、同情心吗？
你要这么说，我也不反对。
那么“抱怨”指的是什么？

即深入了解抱怨
者背后的真相。
真相大白之后呢?
第二就是“诚实以对”。
“诚实”乃是
最佳的政策。
“撒谎”则是与
魔鬼为伍。

说得好，第三呢？
“把握好第一时间”。
嗯，明白了。千金难买早知道。
第四，“充分掌握”。

掌握内在、外在的情报、状况、信息和动态？
不！是客户的反应与后续的行动如何。
第五呢?

若有必要“公正调查”重大过失或伤害，也应是在第一时间内完成！
由公司内部组成专案小组吗？
最好透过公会、消费者保护委员会及有关政府部门来处理。

这样不是会没
完没了吗?
不得已呀!
所以，能在第一时
间内解决，就不会
造成更大的风暴。
不过，该诚实面对的，
也绝不要逃避。

有气魄，
我喜欢！
只是老板不会
赞同。我……
事实胜于雄辩，问
题自己不会消失。
第六呢？
“过程透明化”。

真是了得，
全程公开。
取信于民，
民必爱之。
公开难道没有
风险吗？
不公开才是
大灾难。

所以，即使公开
风险也较小吗？
不，而是可以承担
正当的风险。
我懂了，风险不能逃
避，而是要勇于担当。

第七，“乐于协助”。
协助处理抱怨时，要能面带微笑，心存快乐。
将自己的快乐建立在客户的痛苦之上吗？
老师，我不是这个意思，我只是表错意了。
当协助抱怨者时，自己不要也不该成为下一个抱怨的人。

洞察人心，
好神呀。
最后，必须由专人负责
处理，直到结案为止。
避免中途换人或出现
没人管的窘境呀。
你说的是，再把结案
提交 R&D 研发部门以
利于挖掘商机。
好一个动态的系统思
维，令我大开眼界！
吹牛，再好的技巧都
远不如正确的策略。

为什么这么说呢？
秉持着“诚信”的经营策略才是根本之道。
诚信
帅毙了，这是我们公司的重大功课。
我领悟到“推销”就是不要“自我设限”。
努力做对“小事”，才有人放心交给你“大事”。

推销讲究人性，却决定于细节

从小事做起，任何人
都能成为领导者。

推销讲究人性，
却决定于细节。

造物先造人，造人
先造校，造校先造
师，造师先造己。

好思维，说来说去
还是要回归自己，从
改造自己做起。
没错，环境若无法
改变，解决之道便
是改变自己。
心智决定视野，
视野决定格局，
格局决定命运，
命运决定未来。

所以，“心智决定未来”！
首先，推销自我的心智来自于“诚实正直”的人格。
我举双手赞成，尔虞我诈是行不通的。

因为推销是一个彼此互信的过程。
棒极了，我喜欢互信，我们可以靠它行走天下。
建立“诚信”的企业文化才是经营之道！
没错！

我懂，我们会用自己的生命维护它！
是的！
我一定会的！
静观万物皆自得，运筹帷幄此心中。呵呵……

人之所以能，是
因为相信能。
所以，自己不信任的产
品，绝难销售出去的！
管理不在于知，乃在于行。

不要当消费者是个傻瓜，要当她是你的老婆！
思考问题时，想的若不是客户，就等于没有思考！

服务他人也是件极美的事。
但我们一定要做到——全心全意，心无杂念。
为此，我们要把“人性”当作一个利基市场。

飞机如果不是在天上飞，那么它只是一堆成本。
因此，我们说了什么并不重要，重要的是我们做了什么！

"杜老师的推销"字里行间跳跃着真理和智慧，带给他们无比的启迪和教诲。每个人的脸上都布满了泪珠，感激之情竟无以言表，过去的挫败、内心的矛盾、错误的认知、学习的障碍一一获得解答，如今离别之际，尽管有太多的不舍与依赖，但只有走出去，做一个真正有用、有价值的人，才是对恩师最好的回报。
再见，我们尊敬的老师。

图书在版编目（CIP）数据

杜老师的推销/詹文明 著. —北京 ：东方出版社，2011

ISBN 978-7-5060-4235-2

Ⅰ.①杜… Ⅱ.①詹… Ⅲ.①推销-通俗读物
Ⅳ.①F713.3-49

中国版本图书馆 CIP 数据核字（2011）第 121179 号

杜老师的推销

作　　者:詹文明
责任编辑:姬　利　曹晔晖
出　　版:东方出版社
发　　行:东方出版社　东方音像电子出版社
地　　址:北京市东城区朝阳门内大街 166 号
邮政编码:100706
印　　刷:北京中新伟业印刷有限公司
版　　次:2011 年 7 月第 1 版
印　　次:2011 年 7 月第 1 次印刷
开　　本:787 毫米×1194 毫米　1/32
印　　张:7.25
字　　数:80 千字
书　　号:ISBN 978-7-5060-4235-2
定　　价:36.00 元
发行电话:(010)65257256　65246660(南方)
(010)65136418　65243313(北方)
团购电话:(010)65245857　65230553　65276861